W9-CAU-984

JON KABAT-ZINN

El poder de la atención
100 lecciones sobre mindfulness

Extractos de *Vivir con plenitud las crisis*
Compilado por Hor Tuck Loon y Jon Kabat-Zinn

editorial Kairós

Título original: LETTING EVERYTHING BECOME YOUR TEACHER

Extractos de *Vivir con plenitud las crisis* © 1990 by Jon Kabat-Zinn

This translation is published by arrangement with Bantam Books, an imprint
of the Random House Publishing Group, a division of Random House, Inc.

© de la edición en castellano:
  2010 by Editorial Kairós, S.A.
  Numancia 117-121, 08029 Barcelona, Spain
  www.editorialkairos.com

Traducción del inglés: Alberto de Satrústegui

Diseño y fotografías de Hor Tuck Loon
Fotografía cubierta: © Shutterstock

Primera edición: Marzo 2010
Quinta edición: Octubre 2019

ISBN: 978-84-7245-742-3
Depósito legal: B: 25.463/2011

Fotocomposición: Grafime. Mallorca 1. 08014 Barcelona
Tipografía: Californian, cuerpo 10,5, interlineado 16

Impresión y encuadernación: Litogama. Barcelona

Todos los derechos reservados. Cualquier forma de reproducción, distribución, comunicación pública o transformación de esta obra
solo puede ser realizada con la autorización de sus titulares, salvo excepción prevista por la ley. Diríjase a CEDRO (Centro Español
de Derechos Reprográficos, www.cedro.org) si necesita algún fragmento de esta obra..

Sumario

Agradecimientos

Este regalo no hubiera dado fruto de no ser por la amabilidad y disposición de las siguientes personas: estoy en deuda con Jon Kabat-Zinn por su benevolente sinceridad al dar el permiso inicial para compilar los versos que han hecho posible este libro; con Chee Fun por dedicar su preciado tiempo a repasar el borrador de esta obra en sus principios; con Becky y George por su continua retroinformación, asistencia y sinceridad; con los muchos buscadores espirituales que han dejado su huella en mi vida, convirtiéndose por ello en mis maestros. Y sobre todo con mi esposa, Lai Fun, que hace de su vida mis lecciones de atención y paciencia para así poder lidiar con mis propias torpezas.

HOR TUCK LOON

Prefacio

Este libro fue concebido por primera vez en 1992, al salir de un retiro de meditación de un mes, cuando un amigo me recomendó que leyese *Vivir con plenitud las crisis* de Jon Kabat-Zinn.

Enseguida me cautivó la profundidad y claridad del trabajo de Jon sobre atención plena en su programa de ocho semanas en la Clínica de Reducción del Estrés, en el Centro Médico de la Universidad de Massachusetts. Mientras leía el libro subrayé los versos que guardaban relación con mi propio nivel de práctica en esa época. Me sentí tan inspirado que ya entonces quise recopilar un libro ... ¡Aunque siguió siendo una inspiración!

Al cabo de más de diez años de irreflexiva pausa y dilación, volví a sentirme inspirado por los versos que subrayara, pero en esta ocasión con un nivel de comprensión distinto unido a una perspectiva nueva, producto de mi reciente práctica de meditación de introspección, donde se valora más el énfasis en la atención adecuada de la mente vigilante que en lo que se observa o experimenta: «La manera en que nos relacionamos con las sensaciones que se experimentan implican una gran diferencia en el grado de dolor que se siente y que se sufre» (Jon Kabat-Zinn).

Aunque las palabras eran las mismas que hace una década, mi comprensión es ahora muy distinta: existe una sensación de claridad y propósito más profunda. Sea cual fuere el nivel en el que nos encontremos, el estilo articulado de Jon permite que cada persona se identifique con los versos a su propio nivel personal.

Deseo presentar la obra de Jon en esta colección de versos como un regalo para los lectores, a fin de inspirarles en su práctica de meditación, pues tanto durante un retiro como en la vida cotidiana, la práctica de la atención plena y la vida son inseparables.

Que esta pequeña ofrenda sea una guía para aquellos buscadores apasionados que buscan interiormente en esta vida.

HOR TUCK LOON

Introducción

18.000 pacientes médicos y casi 30 años de experiencia y estudios científicos de la Clínica de Reducción del Estrés (MBSR en su siglas en inglés) y del Centro de Atención Plena del Centro Médico de la Universidad de Massachusetts nos han demostrado que el cultivo de una mayor atención a través de la práctica regular y sistemática, tanto formal como informal, de la meditación, puede significar una enorme diferencia en la calidad de vida de personas con una amplia variedad de trastornos crónicos del estrés, situaciones dolorosas y enfermedades, por no hablar de quienes sufren el desgaste del estrés constante y creciente que forma parte integral de nuestras vidas cotidianas en esta cultura de conectividad constante y multitareas. Estas presiones en nuestras vidas hacen que cada vez nos resulte más difícil encontrar tiempo para ser y para *inhacer* que pudiera reintegrarnos en cuerpo y alma. Esos momentos, que tenemos siempre al alcance de la mano, pero que obviamos con tanta facilidad, también nos permiten recordar, poner atención y encarnar lo que es más importante en nuestras vidas, en lugar de quedar atrapados en la infinita corriente de lo que resulta más exigente o seductor.

Este libro de extractos de *Vivir con plenitud las crisis* –el libro en el que la meditación de la atención plena, el programa del MBSR, y las aplicaciones de la atención plena en el estrés, el dolor y la enfermedad, aparecen descritos en detalle–, puede ofrecernos una puerta de entrada a la práctica de la atención plena y a redescubrir qué es lo más profundo y lo mejor de nosotros mismos. Cualquiera, o cualquier número, de esos 100 indicadores puede recordarnos fácilmente lo que ya sabemos en nuestro interior, que en realidad contamos con la posibilidad de elegir en cada instante: la posibilidad de decidir cómo mantener una relación sabia con este momento, interna y externamente, a pesar de lo que esté sucediendo. Al hacernos responsables de nuestra propia experiencia de esa manera, estamos dando un paso muy profundo, y potencialmente transformador, de cara a la curación y a un genuino bienestar y felicidad, no en algún tipo de futuro "mejor" que pudiera aparecer, sino en el único momento con el que contamos para vivir, respirar, amar y ser... Es decir, este instante presente. Ya contamos con ese poder. Es algo innato. Todo lo que hay que hacer es poner atención y ser amable con uno mismo; y perseverar recordando que sólo estamos vivos en este instante, y que ahora es el único momento de que disponemos para realizar elecciones, y que este *ahora* está siempre disponible. En realidad, todo momento es un nuevo principio.

Como sólo disponemos de momentos para vivir, ¿por qué no vivirlos totalmente y descubrir qué puede significar ser fiel más a menudo a nuestra más profunda y auténtica naturaleza? Este libro ha sido desarrollado por Hor Tuck Loon de Malasia, a partir de su propia pasión por la atención plena y de un deseo de llevarla a un abanico más amplio de personas estresadas y que sufren de diversas maneras. Me siento enormemente agradecido hacia él tanto por la idea de este libro, como por su ejecución, que incluye sus propias creaciones fotográficas y gráficas, así como por sus propias elecciones de cara a subrayar el potencial transformador de la atención plena. El producto de todo ello está saturado de su generosidad y amplitud de corazón.

JON KABAT-ZINN
Agosto de 2008

Mindfulness es un largo viaje
por un camino que no lleva más
que al *descubrimiento de uno mismo.*

Automotivación 1

Para que la práctica de la meditación enraíce y florezca en nuestra vida, tendremos que saber la razón por la que practicamos. ¿De qué otra manera podríamos sostener el no-hacer en un mundo en el que parece que sólo cuenta el hacer? ¿Qué es lo que hará que nos levantemos por la mañana temprano para sentarnos y seguir nuestra respiración mientras todo el mundo permanece calentito en la cama? ¿Qué nos motivará a practicar cuando las ruedas del mundo del hacer giran, nuestras obligaciones y responsabilidades nos llaman, y una parte de nosotros mismos decide tomarse un tiempo para "nada más que ser" o acordarse de ello? ¿Qué nos llevará a que aportemos conciencia de momento a momento a nuestra vida diaria? ¿Qué impedirá que nuestra práctica vaya perdiendo energía y estancándose, o que haga explosión y se desvanezca tras el inicial arranque de entusiasmo?

Mapa frente a periplo 2

Este libro pretende servir de mapa, de guía de este proceso. Como ya sabemos, un mapa no equivale al territorio que representa, y de igual forma no debemos confundir la lectura de este libro con el viaje real. Ese **viaje tenemos que vivirlo nosotros mismos** mediante el cultivo en nuestras propias vidas de la atención plena.

Visión personal 3

Para sostener nuestro compromiso y mantener nuestra práctica de la meditación fresca a través de los meses y los años, es importante que lleguemos a desarrollar una **visión personal** propia que nos guíe a través de nuestros esfuerzos y nos recuerde, en momentos de crisis, el valor de navegar en nuestra vida con un rumbo tan insólito. Llegarán momentos en los que nuestra visión constituya el único apoyo que tengamos para seguir con nuestra práctica.

Lecciones 4

Nuestra visión, en parte, se verá moldeada por nuestras creencias y valores personales y, otra parte, se desarrollará a partir de nuestra experiencia de la propia práctica de la meditación; además de que **permitamos que todo se convierta en nuestro maestro**: nuestro cuerpo, nuestra mente, nuestro dolor, nuestra alegría, otras personas, nuestros errores, nuestros éxitos; para abreviar, todos nuestros momentos. Si cultivamos en nuestra vida la atención plena, nada habrá que hagamos o experimentemos que no pueda enseñarnos algo sobre nosotros mismos al devolvernos en su espejo el reflejo de nuestra propia mente y nuestro propio cuerpo.

Compromiso de por vida 5

Al igual que con la propia práctica de la meditación, este tipo de aprendizaje requiere durante toda nuestra vida un compromiso para inquirir de forma continua y una **disposición a modificar** nuestra perspectiva a medida que vayamos adquiriendo nuevos conocimientos y alcancemos nuevas cotas de comprensión y visión interna.

Hágalo usted mismo 6

Así pues, el cultivo de la atención plena no es muy diferente al proceso de comer. Sería absurdo proponerle a alguien que comiera por nosotros. Y cuando vamos a un restaurante, no nos comemos la carta del menú en lugar de los diferentes alimentos, ni nos saciamos escuchando cómo el camarero nos explica en qué consisten los diversos platos. Tenemos que comer realmente los alimentos para nutrirnos de verdad. De la misma manera, tenemos que ser nosotros mismos quienes practiquemos el cultivo de la atención plena si queremos beneficiarnos de ello y comprender por qué resulta tan valioso.

- no juzgar
- paciencia
- mente de principiante
- confianza
- no esforzarse
- aceptación
- ceder

Siete fundamentos de
La práctica de la atención plena

Actitud adecuada 7

L a actitud con que emprendemos la práctica de prestar atención y de estar en el presente es crucial. Constituye la tierra en que cultivaremos nuestra capacidad de calmar nuestra mente y relajar nuestro cuerpo, de concentrarnos y de ver con más claridad. Si esa tierra es pobre, es decir, si nuestra energía y compromiso de práctica son bajos, será difícil generar una calma y un relax de cierta consistencia. Si esa tierra está realmente contaminada, es decir, si nos forzamos a sentirnos relajados y a pedirnos que "algo ocurra", se volverá totalmente yerma, con lo que llegaremos a la rápida conclusión de que "la meditación no funciona".

Con todo el ser 8

El cultivo del poder sanador de la atención plena requiere mucho más que seguir de forma mecánica una receta o un manual de instrucciones. Ningún proceso de aprendizaje se asemeja a éste. Sólo cuando la **mente se encuentra abierta** y **receptiva** pueden producirse el aprendizaje, la visión y el cambio. Al practicar la atención plena tendremos que incorporar todo nuestro ser al proceso.

Mente fresca 9

Cultivar la conciencia meditativa requiere una forma completamente nueva de contemplar el proceso de aprendizaje. Dado que el pensamiento de saber lo que necesitamos y de adonde queremos llegar está tan enraizado en nuestra mente, podemos caer fácilmente en el error de intentar controlar las cosas para hacerlas de "nuestro gusto", que sean de la forma en que las queremos. Sin embargo, esta actitud es antitética al trabajo de la conciencia y de la sanación.

Sanar y curar 10

Sanación no quiere decir "curación", aunque ambas palabras se puedan intercambiar con frecuencia. Mientras, por un lado, puede que sea imposible curarnos y encontrar a alguien que nos cure, sí es posible sanarnos. La sanación implica la posibilidad que tenemos de **relacionarnos de manera diferente** con enfermedades, discapacidades e incluso con la muerte al aprender a contemplarlas con los ojos de la integridad.

Poner atención 11

La conciencia requiere solamente que prestemos atención a las cosas y que las veamos tal como son. **No requiere que cambiemos nada.** Y la sanación necesita receptividad al tiempo que aceptación, una sintonía con la vinculación y la integridad. Nada de ello puede forzarse, del mismo modo que tampoco podemos obligarnos a dormir. Tenemos que crear las condiciones adecuadas para poder conciliar el sueño. Lo mismo sucede con la relajación. No puede conseguirse a fuerza de voluntad. Ese tipo de esfuerzo producirá solamente tensión y frustración.

Actitud mental 12

Si nos acercamos al proceso de meditación pensando: «esto no va a funcionar, pero lo haré de todas maneras», lo más probable es que no sirva de mucho. La primera vez que sintamos dolor o incomodidad, nos diremos: «¿Lo ves? Sabía que no superaría el dolor», o «Sabía que no conseguiría concentrarme», lo que confirmará nuestras sospechas de que no iba a funcionar, y lo dejaremos.

Qué críticos somos 13

La atención plena se cultiva asumiendo la postura de testigos imparciales de nuestra propia experiencia. El hacerlo requiere que tomemos conciencia del constante flujo de juicios y reacciones a experiencias tanto internas como externas en las que, por lo general, nos vemos atrapados **y aprendamos a superarlos**. Cuando empezamos a practicar el prestar atención a la actividad de nuestra propia mente, es corriente que descubramos y nos sorprenda el hecho de que constantemente generamos juicios sobre nuestra experiencia.

La costumbre de clasificar y juzgar
nuestras experiencias nos lleva
a reaccionar de manera mecánica.

Trampa habitual 14

Esta costumbre de categorizar y juzgar nuestra experiencia nos lleva a **reacciones mecánicas** de las que ni siquiera nos damos cuenta y que, a menudo, carecen totalmente de base objetiva. Esos juicios tienden a dominar nuestras mentes y nos hacen más difícil encontrar la paz en nuestro interior. Es como si la mente fuese un yo-yo y subiese y bajase todo el día por el bramante de nuestras propias ideas enjuiciadoras.

Clara consciencia 15

Si hemos de hallar una forma más eficaz de manejar el estrés de nuestras vidas, lo primero que necesitaremos es tomar conciencia de esos juicios automáticos para ver a través de nuestros prejuicios y temores y liberarnos de su tiranía.

Presencia imparcial 16

Al practicar la atención plena, es importante reconocer, cuando haga su aparición, esta cualidad mental enjuiciadora, así como **asumir intencionadamente la postura de testigo imparcial** recordándonos a nosotros mismos que lo único que tenemos que hacer es observar. Como dijo una vez Yogi Berra: «Se puede observar muchísimo con sólo mirar».

No criticar 17

Cuando nos encontremos con que la mente enjuicia, no debemos pararla. Sólo necesitamos darnos cuenta de que sucede. **No hay ninguna necesidad de juzgar los juicios** y de complicarnos todavía más las cosas.

Reconocimiento 18

«Esto es un aburrimiento», o «Esto no funciona», o «No puedo hacer esto». Son juicios. Cuando acudan a nuestra mente, es de suma importancia que los reconozcamos como pensamientos enjuiciadores y que recordemos que la práctica conlleva la suspensión de juicios y la sola observación de cualquier cosa que pase –lo que incluye nuestros propios pensamientos enjuiciadores– sin seguirla ni actuar sobre ella de manera alguna.

Desarrollo natural 19

La paciencia es una forma de sabiduría. Demuestra que comprendemos y aceptamos el hecho de que, a veces, las cosas se tienen que desplegar cuando les toca. Un niño puede intentar ayudar, rompiendo la crisálida, a que una mariposa salga, aunque, por regla general, la mariposa no resulte en nada beneficiada por el esfuerzo. Cualquier adulto sabe que la mariposa sólo puede salir al exterior cuando le llega el momento y que no puede acelerarse el proceso.

Autorrecordatorio 20

De la misma manera, cuando practicamos la atención plena, cultivamos la paciencia hacia nuestra propia mente y nuestro propio cuerpo. De forma expresa, nos recordamos que no hay necesidad alguna de impacientarnos con nosotros mismos por encontrar que nuestra mente se pasa el tiempo juzgando, o porque estemos tensos, nerviosos o asustados, o por haber practicado durante algún tiempo sin aparentes resultados positivos.

A cada momento lo que le corresponde 21

Cuando tales pensamientos lleguen, constituirán nuestra realidad, serán una parte de nuestra vida que se despliega en ese momento, de modo que tratémonos a nosotros mismos tan bien al menos como trataríamos a la mariposa. ¿Por qué pasar a la carrera por algún momento para llegar a los demás, a otros "mejores"? Después de todo, cada uno de ellos constituye nuestra vida en ese instante.

Mindfulness se cultiva
asumiendo la postura de
un testigo imparcial
de tu propia experiencia.

No estar presente 22

Una de las actividades favoritas de la mente es vagar por el pasado y por el futuro y perderse pensando. Algunos de sus pensamientos son agradables; otros, dolorosos y generadores de intranquilidad. En cualquiera de los casos, el mero hecho de pensar **ejerce un fuerte tirón** en nuestra conciencia. La mayoría de las veces, nuestros pensamientos arrollan nuestra percepción del momento actual y hacen que perdamos nuestra conexión con el presente.

Aceptación 23

La paciencia puede ser una cualidad especialmente útil para invocarla cuando la mente está agitada y puede ayudarnos a aceptar lo errático de ésta recordándonos que no tenemos por qué dejarnos arrastrar por ella. La práctica de la paciencia nos recuerda que no tenemos que llenar de actividad e ideas nuestros momentos para que se enriquezcan. En realidad, nos ayuda a recordar que lo que es verdad es precisamente lo contrario. Tener paciencia consiste sencillamente en estar totalmente abierto a cada momento, aceptándolo en su plenitud y sabiendo que, al igual que en el caso de la mariposa, las cosas se descubren cuando les toca.

Mente de principiante 24

La riqueza de la experiencia del momento presente no es sino la riqueza de la propia vida. Con demasiada frecuencia permitimos que nuestros pensamientos y creencias sobre lo que "sabemos" nos impidan ver las cosas como son. Tenemos una tendencia a tomar lo corriente como una donación y a no captar lo poco habitual que es lo corriente. Para ver la riqueza del momento presente, necesitamos cultivar la que viene denominándose "mente de principiante" o mente dispuesta a verlo todo como si fuese la primera vez.

Receptividad 25

Una mente de "principiante" abierta nos permite mostrarnos receptivos a nuevas potencialidades y **evita** atascarnos en el surco de nuestra propia pericia, que frecuentemente cree que sabe más de lo que sabe.

Observar con frescura 26

Ningún momento es igual a otro. Cada uno de ellos es único y tiene posibilidades únicas. La mente de principiante nos recuerda esta verdad tan sencilla. La próxima vez que veamos a alguien con quien estemos familiarizados, preguntémonos si vemos a esa persona con ojos nuevos, como es, o si sólo vemos el reflejo de nuestras propias ideas acerca de ella.

Mente despejada 27

Intentémoslo con los problemas cuando éstos afloren.
Intentémoslo en la naturaleza cuando salgamos al exterior.
¿Podemos ver el cielo, las estrellas, los árboles, el agua
y las rocas como son en ese preciso momento y con una **mente
limpia y ordenada**, o sólo podemos verlos a través del velo
de nuestras propias ideas y opiniones?

Vivir nuestra propia vida 28

Es imposible convertirse en otro. Nuestra única esperanza estriba en ser **nosotros mismos con más plenitud**. Ésta es la razón, en primer lugar, para que practiquemos la meditación. Los maestros, libros y cintas sólo pueden ser guías, postes indicadores. Es de suma importancia estar abierto y ser receptivo a lo que podamos aprender de otras fuentes, aunque, en rigor, tengamos que vivir nuestra propia vida, cada momento de ésta.

Confianza 29

Al practicar la atención plena, practicamos también la toma de responsabilidad de ser nosotros mismos y de aprender a escuchar nuestro propio ser y a tener confianza en él. Cuanto más cultivemos esta confianza, más fácil nos parecerá confiar en otras personas y ver también en ellas su bondad básica.

Sigue practicando.

Autodisciplina 30

La atención plena no viene así como así sólo porque hayamos decidido que no estaría mal tener una mayor conciencia de las cosas. Tanto un **firme compromiso** de trabajar en nosotros mismos como la suficiente autodisciplina para perseverar en el proceso son absolutamente esenciales para el desarrollo de una potente práctica meditativa y de un elevado grado de atención plena. La **autodisciplina y la práctica habitual** son vitales para desarrollar el poder de la atención plena.

Compromiso 31

El espíritu de compromiso con la meditación es parecido al del entrenamiento en atletismo. El atleta que se entrena para una prueba en particular no sólo lo hace cuando le apetece, o, por ejemplo, cuando hace buen tiempo, o hay gente que le haga compañía, o tiene tiempo suficiente. Se **entrena de forma regular** todos los días, llueva o haga sol, se sienta bien o no, y tanto si ese día vale la pena hacerlo como si no.

Hazlo 32

No tiene por qué gustarte, pero lo tienes que hacer.

Hacer tiempo 33

Nuestras vidas son tan complicadas, y nuestras mentes están tan atareadas y agitadas la mayor parte del tiempo, que se hace necesario, en especial al principio, proteger y apoyar nuestra práctica de la meditación eligiendo un rato especial para ella y, si ello es factible, reservando un lugar especial en la casa en el que nos podamos sentir a gusto mientras practicamos. Sólo practicando cada día por nuestra cuenta notaremos un cambio muy positivo y será un buen autoregalo.

Crear las condiciones 34

Este tiempo de meditación en serio necesita que nos encontremos protegidos de cualquier interrupción o compromiso para poder **ser nosotros mismos sin tener que hacer ni responder a nada**. No siempre es posible, aunque ayuda mucho el hecho de que podamos preparar las cosas de esta manera.

Soltar 35

Una forma de medir nuestro compromiso es la de desconectar el teléfono durante el tiempo de práctica, o acordar que sea otra persona quien conteste y recoja los mensajes. Constituye una **gran relajación** encontrarse solo en casa durante esos momentos, y puede obtenerse una gran paz mental sólo por eso.

Mantenerse
en el camino 36

Una vez comprometidos con nosotros mismos
para practicar de esta manera entra en juego
la autodisciplina. No es difícil comprometernos en objetivos
que redunden en nuestro propio beneficio, aunque seguir
el sendero por el que hayamos optado,
encontrarnos con obstáculos y, tal vez, no ver "resultados"
inmediatos constituye la auténtica medida de nuestro
compromiso.

Intención consciente 37

Aquí es cuando empieza la **intención de la conciencia**, la intención de practicar tanto si tienes ganas como si no un día concreto, sea conveniente o no, con la determinación de un atleta, pero para tu propio beneficio, porque este momento es tu vida.

Mindfulness no aparece sola.

Práctica regular 38

La **práctica regular** no es tan difícil como pudiéramos pensar una vez que nuestra mente se haya decidido a hacerla y haya elegido el momento adecuado para ello. La mayoría de la gente se encuentra ya interiormente disciplinada hasta cierto punto. Levantarse por la mañana y acudir al trabajo requiere disciplina, y no hay duda de que reservar tiempo para uno mismo también la precisa.

Razón para comprometerse 39

Tal vez baste con la capacidad de funcionar con más eficacia cuando estemos sometidos a presiones, o con sentirnos más sanos y mejores, o encontrarnos más relajados, felices y con mayor confianza en nosotros mismos.

En el fondo, seremos **nosotros mismos quienes debamos decidir** por qué nos hemos comprometido a ello.

Autoengaño 40

Hay gente que muestra cierta resistencia a la idea de reservar tiempo para sí misma. La ética puritana nos ha dejado una herencia de culpabilidad cuando hacemos algo sólo para nosotros. Hay personas que descubren que llevan dentro una vocecilla que les dice que eso es egoísmo, o que no se merecen esa clase de asueto y energía. Por regla general, suelen reconocerlo como un mensaje que les fue comunicado muy temprano en sus vidas: «Vive para el prójimo», «Ayuda a los demás y no te detengas en ti mismo».

Aceptación 41

Si no nos sentimos merecedores de reservar tiempo para nosotros mismos, ¿por qué no considerarlo como parte de nuestra práctica de la atención plena? ¿De dónde proceden esos sentimientos? ¿Cuáles son las ideas que se ocultan tras ellos? ¿Podemos contemplarlas y aceptarlas? ¿Son exactas?

Inteligente 42

Hasta el punto en que podemos ser útiles de verdad a los demás, si es eso lo que creemos más importante, depende de forma directa de lo equilibrados que estemos. Es muy difícil que el hecho de reservar tiempo para "afinar" nuestro propio instrumento y conservar nuestras energías pueda considerarse egoísta. Un adjetivo más adecuado en este caso sería el de inteligente.

Simplemente ser 43

Por suerte, una vez que la gente comienza a practicar la atención plena supera rápidamente la idea de que emplear tiempo para uno mismo sea "egoísta" o "narcisista" en cuanto se da cuenta de la diferencia que el **hacerlo** tiene en la calidad de su vida, en su autoestima y en sus relaciones.

Permanecer despierto 44

Si me siento soñoliento al levantarme por la mañana, me lavo la cara con agua fría hasta darme cuenta de que estoy completamente despierto. No quiero meditar aturdido. Quiero sentirme alerta. Puede parecer exagerado, pero la verdad es que se trata sólo de conocer el **valor de estar despierto** antes de intentar practicar.

Sólo presta atención.

Vigilia 45

Contribuye a recordar que la atención plena significa estar totalmente despierto. No se cultiva relajándose hasta el punto de que el sueño y la falta de conciencia lo dominen todo. Por ello, abogamos por hacer lo necesario para despertarnos, incluso llegando a tomar una ducha fría si fuera necesario.

Disipar la niebla 46

Nuestra **práctica de la meditación** será tan potente como nuestra motivación en disipar la niebla de nuestra propia falta de conciencia. Cuando nos encontramos en medio de esa niebla, es difícil recordar la importancia de practicar la atención plena y localizar las coordenadas de nuestra actitud. La confusión, el cansancio, la depresión y el nerviosismo constituyen poderosos estados mentales susceptibles de socavar nuestras mejores intenciones de practicar con regularidad. Es muy fácil que nos veamos atrapados y bloqueados en ellos sin siquiera darnos cuenta.

Estabilidad y resiliencia 47

Es entonces cuando nuestro compromiso de practicar adquiere su mayor valor y nos mantiene **engranados en el proceso**. El impulso adquirido con la práctica regular contribuye a que mantengamos cierta estabilidad y elasticidad mentales aunque atravesemos estados de agitación, confusión, falta de claridad y dilaciones.

Un refugio 48

No es tan difícil volvernos a poner en contacto con el ser. Lo único que necesitamos es **acordarnos de emplear la atención plena,** cuyos momentos son de paz y tranquilidad incluso en medio de la actividad. Cuando toda nuestra vida se ve empujada por el hacer, la práctica meditativa formal puede proporcionarnos un refugio de sensatez y estabilidad susceptible de ser utilizado para devolvernos algo de equilibrio y de perspectiva. Puede consistir en una manera de detener el impetuoso impulso de todo el hacer y regalarnos a nosotros mismos algo de tiempo para disfrutar de un estado de profunda relajación y bienestar y para recordar quiénes somos.

Fortaleza 49

La práctica formal de la meditación puede concedernos la resistencia y el conocimiento de nosotros mismos suficientes para volver al hacer y **hacerlo desde fuera de nuestro ser**, con lo que, al menos, cierta cantidad de paciencia y tranquilidad interior, de claridad y equilibrio mental, infundirán lo que hacemos, y las ocupaciones y la presión se harán menos onerosas, llegando incluso a desaparecer por completo.

No-hacer 50

En realidad, la meditación consiste en un no-hacer. Se trata de la única empresa humana de la que sepamos que no entraña intentar ir a alguna parte, sino que, por el contrario, pone todo el énfasis en colocarnos donde ya estamos. Gran parte de nuestro tiempo nos encontramos tan arrebatados por el hacer, luchar, planificar, reaccionar y las ocupaciones que, cuando nos detenemos para saber dónde estamos, en el primer momento nos sentimos un poco raros.

Detenerse y observar 51

Una de las razones de ello es porque tendemos a no tener demasiada conciencia de la incesante e incansable actividad de nuestra propia mente ni de la forma en que somos empujados por ésta. No es demasiado sorprendente, ya que son rarísimas las veces en que nos detenemos y observamos la mente de manera directa para saber qué es lo que pretende.

Descontrolado 52

Irónicamente, aunque todos "tengamos" mentes, da la impresión de que necesitemos "volvernos a mentalizar" de vez en cuando sobre quiénes somos. Si no lo hacemos así, el ímpetu de todo lo que tenemos que hacer nos domina y puede obligarnos a que vivamos su orden del día en vez del nuestro, casi como si sólo fuésemos robots.

Mind*fulness.*
Mindlessness.

Inconsciente 53

El ímpetu del hacer desbocado puede arrastrarnos durante decenios, incluso hasta la tumba, sin que nos demos cuenta demasiado bien de que estamos acabando con nuestras vidas y de que sólo nos quedan momentos que vivir.

Recordar 54

Dado todo el ímpetu encerrado en nuestro hacer,
da la impresión de que el hecho de que recordemos
el valor inapreciable del momento presente requiera algunos
pasos algo insólitos e incluso drásticos. Ésa es la razón
por la que **dediquemos algún tiempo específico**
todos los días a la práctica de la meditación formal. Se trata
de una forma de detenernos, de volvernos a mentalizar sobre
nosotros mismos, de abonar por una vez el terreno de ser.
Es una manera de reestructurarnos.

Simplemente observar 55

En la práctica de la meditación, ni siquiera intentamos responder a esas preguntas. En vez de ello, **observamos** el impulso de levantarnos o los pensamientos que acuden a la mente.

Instrucción básica 56

Más bien pronto que tarde nos encontraremos sin duda alguna con que la mente se nos ha escapado a algún otro sitio... Se ha olvidado de la respiración y se ha sentido atraída por alguna otra cosa.

Cada vez que nos demos cuenta de esto mientras estemos sentados, devolvamos sin brusquedad la atención al estómago y a la respiración sin tener en cuenta qué es lo que arrastró a nuestra mente. Si se escapa de la respiración cien veces, devolvámosla a ella con suavidad otras cien veces desde el momento en que tengamos conciencia de que no se centra en la respiración.

Importancia momentánea   57

Al actuar así, entrenamos nuestra mente a reaccionar menos y a estabilizarse más. **Hacemos que cuente cada momento**. Tomamos cada momento como llega, sin dar más o menos valor a uno u otro. De esta guisa, cultivamos nuestra capacidad natural de concentrar la mente.

Músculos mentales 58

Al devolver de **forma repetida** nuestra atención a la respiración, cada vez que aquélla se desentiende, la concentración se va haciendo más fuerte y profunda, de forma muy parecida a la de los músculos al levantar repetidamente las pesas. Y mediante la repetición, sin reacción, de liberar los pensamientos de nuestra mente, estamos desarrollando una mayor convivencia de la propia mente y nos damos cuenta lo fácil que es distraerla.

¡Experimenta la plena
consciencia!
Descubre
lo que te funciona.

Potenciales 59

De esta forma, el dolor que tengamos en la rodilla o en la espalda o la tensión en los hombros, en vez de ser tratado como distracción que nos impide permanecer con nuestra respiración, puede verse incluido en el campo de la conciencia y aceptado sencillamente sin que reaccionemos al mismo como indeseable e intentemos liberarnos de él. Este enfoque nos procura una manera alternativa de contemplar la incomodidad. Por muy incómodas que sean esas sensaciones corporales, se convierten ahora en **potenciales maestras** y **aliadas** del aprendizaje de nosotros mismos y pueden contribuir a que desarrollemos nuestros poderes de concentración, calma y conciencia en vez de consistir tan sólo en malogrados impedimentos al objetivo de intentar permanecer con nuestra respiración.

Fuerza interior 60

El hecho de trabajar de forma regular con la resistencia (no luchar contra ella) de nuestra propia mente entona la **fuerza interior**. Además, al mismo tiempo, desarrollamos la paciencia y practicamos el no emitir juicios.

Flexibilidad 61

El cultivo de este tipo de flexibilidad nos permite dar la bienvenida a **cualquier cosa que nos sobrevenga y a permanecer con ella** en lugar de insistir en prestar atención a una sola cosa (como, por ejemplo, la respiración) constituye una de las características más típica y valiosa de la meditación de atención plena.

Sin reacción 62

Lo que significa en la práctica es que realizamos algún esfuerzo por estar sentados con sensaciones de incomodidad cuando éstas se producen durante nuestros intentos por meditar, no necesariamente hasta el punto del dolor. Respiramos con ellas. **Les damos la bienvenida** y, de hecho, intentamos mantener, en su presencia, una continuidad de conciencia del momento presente. Después, si se hace necesario, cambiaremos la postura del cuerpo para eliminar la incomodidad, aunque, eso sí, llegando a hacer incluso eso con plena conciencia, percatándonos del momento mientras nos movemos.

Relajarse
en la adversidad
reduce la intensidad
del dolor.

Pensar no es malo 63

Sin embargo, apartar los pensamientos **no implica suprimirlos.** Es mucha la gente que lo entiende así y comete el error de creer que la meditación le exige cerrar la llave de sus pensamientos o sensaciones. Se trata de personas que al escuchar las instrucciones entienden que, si piensan, "es malo" y que una "buena meditación" es aquella en que, o no se piensa nada, o se piensa muy poco.

Por ello, es importante subrayar que pensar en la meditación ni es malo ni siquiera indeseable. Lo importante es si, durante la misma, tenemos conciencia de nuestros pensamientos y sentimientos. Intentar eliminarlos tendrá sólo como resultado una mayor tensión y frustración y más problemas; no calma ni paz.

Ser 64

La atención plena no entraña expulsar a trompicones los pensamientos ni edificar un muro en nuestro derredor para que aquéllos no inquieten nuestra mente. No intentamos detener los pensamientos mientras caen en cascada por ella. Lo que hacemos es, con toda sencillez, hacerles sitio, observándolos en cuanto pensamientos y dejándoles en paz mientras utilizamos nuestra respiración como ancla o "seguro" desde el que observar y recordar que debemos permanecer concentrados y tranquilos.

Hacer sitio 65

A la meditación no le preocupa cuántos pensamientos se producen, sino **cuánto espacio les dedicamos para que se produzcan en el campo** de nuestra conciencia de cada momento.

Permanecer atento 66

S i nos viene a la mente mientras meditamos la idea
de la cantidad de cosas que tenemos que hacer hoy,
deberemos tener sumo cuidado en considerarlo
un pensamiento, o podríamos acabar en un abrir y cerrar
de ojos de pie y haciendo todas esas cosas y sin conciencia
alguna de que decidimos dejar de permanecer sentados
simplemente porque nos pasó por la mente un pensamiento.

Poder de reconocimiento 67

Por otro lado, cuando nos sobrevenga un pensamiento de este tipo, si somos capaces de separarnos de él y de verlo con claridad, seremos también capaces de conceder **prioridades a las cosas** y tomar decisiones delicadas sobre lo que en realidad necesita hacerse. Sabremos cuándo dejar de hacer cosas durante el día; así que el mero hecho de reconocer nuestros pensamientos como tales, como pensamientos que son, puede llegar a liberarnos de la distorsionada realidad que a menudo generan, y a dar lugar a una mayor clarividencia y a una sensación más profunda de flexibilidad en nuestra vida.

Liberación de la tiranía 68

Esta **liberación** de la tiranía de la mente pensante procede directamente de la mismísima práctica de la meditación. Cuando pasamos todos los días algún tiempo en estado de no-hacer, observando el fluir de la respiración y la actividad del cuerpo y la mente sin ser atrapados por esta actividad, cultivamos al mismo tiempo calma y atención plena.

No como nos gustaría ser
pero como somos realmente.

Conocernos a nosotros mismos 69

La mente, al desarrollar estabilidad y **verse menos sujeta** por el contenido del pensamiento, fortalecemos su capacidad de concentrarse y mantenerse tranquila. Además, cada vez que reconozcamos un pensamiento como tal, grabemos su contenido y sepamos discernir la fuerza de su dominio sobre nosotros, así como la exactitud de ese contenido; cada vez que lo dejemos de lado y volvamos a nuestra respiración y a la sensación de nuestro cuerpo, estaremos fortaleciendo la atención plena. Estaremos llegando a **conocernos** y aceptarnos **mejor a nosotros mismos**; no como nos gustaría ser, sino como realmente somos.

Llegar a ninguna parte 70

Los pacientes vienen a la clínica con la esperanza de que les suceda algo positivo y, sin embargo, se les instruye a practicar sin intentar llegar a ninguna parte; más bien al contrario, se les anima a intentar, aceptándolo, estar plenamente donde ya se encuentran. Además, les sugerimos que eviten los juicios durante las ocho semanas que permanecen en el curso y que decidan sólo al final si les ha valido la pena la experiencia o no.

Empezar desde cero 71

¿Por qué lo enfocamos así? El hecho de crear esta situación paradójica invita a que la gente explore la no-realización de esfuerzos y la aceptación de sí misma como formas de ser. Da permiso a las personas a comenzar desde el principio, a explotar una nueva forma de ver y de sentir sin tener en cuenta normas de éxito o fracaso basadas en una manera habitual y limitada de ver sus problemas y sus expectativas

sobre lo que deberían sentir. Practicamos la meditación
de este modo porque el esfuerzo de intentar "llegar a alguna
parte" suele ser poco conveniente para catalizar el cambio,
el crecimiento o la sanación, por proceder, generalmente,
de un rechazo de la realidad del momento presente sin
proporcionar una plena conciencia y comprensión
de esa realidad.

Quimeras 72

El deseo de que las cosas sean diferentes a lo que son constituye simplemente una **mera ilusión** y no una forma demasiado eficaz para que se produzca el cambio. Con las primeras señales de lo que consideramos "fracaso" cuando vemos que no "vamos a ninguna parte", o que no hemos llegado cuando creíamos que debíamos haberlo hecho, lo más probable es que nos desanimemos o nos sintamos abrumados, perdamos las esperanzas, echemos la culpa a fuerzas exógenas y acabemos dándonos por vencidos.

Aceptar el presente 73

El punto de vista de la meditación es el de que sólo mediante la **aceptación** de la **realidad del presente**, por doloroso, terrorífico o indeseable que sea, pueden llegar el cambio, la madurez y la sanación. Sólo necesitan ser alimentadas para que se desplieguen y se descubran.

Sin ningún otro sitio al que ir 74

Sólo necesitamos estar realmente en el lugar en que ya estamos y darnos cuenta de ello (realizarlo). De hecho, con esta manera de ver las cosas, **no existe ninguna otra parte adónde ir**, por lo que los esfuerzos por llegar a algún sitio están mal concebidos y lo más probable es que nos conduzcan a la frustración y al fracaso. Por otra parte, no podemos dejar de estar donde ya estamos, razón por la que no podemos "fracasar" en nuestra meditación si tenemos la voluntad **de estar** con las cosas como están.

Cambio: una cosa
de la que puedes estar seguro.

Más allá del éxito y el fracaso 75

En su más prístina acepción, la meditación está por encima de las ideas de éxito y fracaso, razón por la que constituye un vehículo tan potente para el crecimiento, el cambio y la sanación. Ello no implica que no podamos hacer progresos en nuestra práctica de la meditación, ni tampoco que sea imposible cometer errores que disminuyan su valor para nosotros. Sí es necesario un cierto tipo de esfuerzo en la práctica de la meditación, aunque no sea el de luchar por alcanzar un determinado estado, sea éste de relajación, ausencia de dolor, sanación o comprensión interior. Todos estos estados llegan de forma natural con la práctica porque ya son inherentes al momento presente y a cada momento. Por tanto, cualquier momento es tan bueno como otro para experimentar su presencia en nuestro interior.

Observar y soltar 76

S i contemplamos las cosas a través de este prisma,
es completamente lógico que tomemos **cada momento**
como nos viene, lo veamos de forma clara en su totalidad
y lo dejemos partir.

Cuando conectas con algo,
esta conexión
te da inmediatamente
un sentido para vivir.

Venerar cada momento

Si no estamos demasiado seguros sobre si nuestra práctica es "correcta" o no, la que sigue es una prueba bien contundente: cuando nos demos cuenta de que existen en nuestra mente ideas acerca de llegar a alguna parte, de querer algo o, si ya hemos llegado, de "éxito" o de "fracaso", ¿somos capaces, cuando las consideramos, de reconocer cada una de ellas como un aspecto de la

realidad del momento actual? ¿Podemos verlas
de forma clara como impulsos, ideas, deseos o juicios, dejarlas
estar ahí y permitir que se vayan sin ser arrastrados por ellas,
sin investirlas de una fuerza de la que carecen y sin perdernos a
nosotros mismos en el proceso? Ésta es la forma
de cultivar la atención plena.

Caminar y conocer 78

Una manera sencilla de añadir conciencia a nuestra vida
diaria consiste en practicar la meditación mientras
caminamos. Es decir, llevar nuestra atención a la experiencia
real de caminar cuando lo hacemos. Implica, sencillamente,
caminar y saber que lo hacemos. ¡No quiere decir mirarnos
los pies! Una de las cosas que advertimos cuando llevamos
cierto tiempo practicando la atención plena es que nada es tan

sencillo como parece, lo cual es verdad tanto para andar como para cualquier otra cosa. Por un lado, nuestra mente permanece activa mientras caminamos, por lo que, por regla general, nos encontramos, hasta cierto punto, absortos en nuestros propios pensamientos. Es rarísimo que sólo caminemos, incluso cuando sólo "salimos a dar una vuelta".

Observación interna

Empezamos por realizar un esfuerzo para darnos cuenta de cuándo un pie se pone en contacto con el suelo, de cuándo nuestro peso se apoya en aquél, de cuándo el otro pie se levanta y se adelanta y, acto seguido, desciende para, a su vez, ponerse en contacto con el suelo. Al igual que con los demás métodos que hemos venido explorando, cuando la mente se nos escapa de los pies o piernas o de la sensación de cómo anda el cuerpo, con toda tranquilidad y sencillez la devolvemos allí en cuanto nos demos cuenta de ello. Para hacer más profunda nuestra concentración, no miramos las cosas que nos rodean; mantenemos la mirada fija frente a nosotros. Tampoco miramos nuestros pies. Saben muy bien cómo andar por sí solos. Cultivamos la observación interior; nos centramos en las sensaciones que se sienten al andar. Nada más.

Dinamismo al caminar 80

Como tenemos tendencia a vivir sin darnos demasiada cuenta de las cosas, tomamos algunas, un poco a la ligera como nuestra capacidad de andar. Cuando le empecemos a prestar más atención, **sabremos apreciar** que se trata de un extraordinario acto de equilibrio, dada la pequeña superficie que ofrecen las plantas de los pies. De niños, tardamos cerca de un año para prepararnos en el aprendizaje de este dinámico acto equilibrista que constituye la locomoción.

La maravilla de caminar 81

En un día cualquiera de un hospital, hay cantidad de personas incapaces de caminar por culpa de alguna enfermedad o lesión, y hay algunas que no volverán a hacerlo nunca. Para todas ellas, el mero hecho de ser capaces de dar un solo paso sin ayuda −incluso atravesar el vestíbulo o descender de un coche− constituye un auténtico milagro. Y, sin embargo, por lo general no apreciamos la gran maravilla que es caminar. Cuando meditamos caminando, no intentamos ir a ninguna parte. Basta con que estemos presentes en cada paso y nos demos cuenta de que estamos donde estamos. El truco consiste en estar totalmente ahí.

No trates de expulsar
los pensamientos.
Dales espacio, obsérvalos
y déjalos ir.

Totalidad  82

Probablemente se produzcan en nuestras vidas circunstancias diversas en que tengamos que andar, nos guste o no. Se trata de ocasiones maravillosas para incorporar la conciencia al paseo y, por tanto, hacer que un trabajo monótono, y en su mayor parte inconsciente, se transforme en **algo positivo y enriquecedor**.

Todo lo que nuestro cuerpo hace normalmente es maravilloso y extraordinario, aunque pocas veces se nos ocurra pensar en ello de esta manera. Caminar constituye otro buen ejemplo. Si alguna vez hemos sido incapaces de hacerlo, sabremos lo maravilloso e inapreciable que es andar. Se trata de una capacidad extraordinaria. Lo mismo que ver y hablar, pensar y respirar, ser capaces de darnos la vuelta en la cama, y cualquier otra cosa sobre la que se nos ocurra pensar que pueda hacer nuestro cuerpo.

Suavizarse uno mismo 84

La práctica de la atención plena es divertida, pero también es un trabajo muy duro y habrá veces en que nos entren ganas de abandonar, en especial si no vemos "resultados" rápidos en la disminución del dolor. Sin embargo, al realizarlo, debemos recordar que es una práctica que entraña paciencia, suavidad y ternura para con nosotros mismos e incluso para con nuestro dolor. Implica trabajar al límite, pero con suavidad, sin demasiados esfuerzos, sin agotarnos, sin empujar demasiado para avanzar más. Estos avances llegarán por sí solos a su debido tiempo si ponemos energía en el espíritu de descubrirnos a nosotros mismos. La atención plena no rompe la resistencia. Tenemos que trabajar con suavidad; un poquito aquí y otro poquito allá, manteniendo nuestra visión viva en el corazón, en especial durante los momentos de mayor dolor y dificultad.

Consistencia 85

La práctica regular, como venimos insistiendo desde hace mucho, es necesaria. Es más fácil hablar del terreno de ser que experimentarlo. Hacer que se convierta en algo real en nuestra vida, estar en contacto con él en cualquier momento, requiere determinación y una labor concentrada. **Se necesita una determinada forma de excavar**, un cierto tipo de arqueología interna, para llegar a descubrir nuestra totalidad aunque esté muy bien cubierta bajo capas y más capas de opiniones, de cosas que nos gustan y que nos disgustan y por la densa niebla de los pensamientos y hábitos inconscientes y automáticos, por no mencionar el dolor. No hay nada romántico ni sentimental en el trabajo de la atención plena, como tampoco es romántica ni sentimental ni obra de la imaginación nuestra completitud. Se encuentra aquí y ahora, como siempre lo ha estado. Forma parte del ser humano, como también la forman tener un cuerpo y sentir su dolor.

Relación con las sensaciones

Si intentamos aportar atención plena a lo que sentimos en esos momentos en que nos hemos hecho daño por accidente, con toda probabilidad la manera como nos relacionemos con las sensaciones que experimentemos difiere del grado de dolor que en realidad sintamos y en la cantidad de sufrimiento que padezcamos.

Dolor y sufrimiento 87

Por lo general, no distinguimos entre dolor y sufrimiento, aunque existan importantes diferencias entre ellos. El dolor forma parte natural de nuestra experiencia vital; el sufrimiento es una de las numerosas respuestas al dolor y puede provenir tanto de un dolor físico como de un dolor emocional. Implica a nuestros pensamientos y emociones y a cómo se enmarca en éstos el significado de nuestras experiencias. **El sufrimiento también es perfectamente natural.** De hecho, se suele decir que los seres humanos inevitablemente experimentamos el sufrimiento en nuestras vidas. Pero, es más preciso decir que el dolor es inevitable y el sufrimiento es opcional.

Tu dolor no eres tú.

Dolor como respuesta 88

Sin embargo es importante recordar que el sufrimiento es sólo una de las respuestas a la experiencia del dolor. Así, un dolor pequeño puede infligirnos un enorme sufrimiento si tememos que responda a algún tumor o a alguna otra causa grave. El mismo dolor puede ser tomado como una tontería, una vez que nos aseguran que todas las pruebas han resultado negativas y que no existe la menor posibilidad de que sea indicio de algo grave. Así que no es siempre el dolor por sí mismo, sino la forma en que lo vemos y reaccionamos a él lo que determina el grado de sufrimiento que experimentamos. A lo que de verdad tememos es al sufrimiento no al dolor.

Perspicacia 89

De hecho, incluso si la distracción nos aliviase el dolor, o contribuyese a que pudiésemos enfrentarnos a él durante algún tiempo, la aportación de atención plena al mismo puede proporcionarnos un nivel de comprensión de nosotros mismos y de nuestro cuerpo imposible de alcanzar con las tácticas de la distracción y de la huida. Esa comprensión profunda, por supuesto, constituye una importantísima parte del proceso de aceptar nuestra situación y de aprender realmente a vivir con el dolor, no sólo a aguantarlo.

Sintonizar
con el dolor 90

Hay personas a las que les resulta difícil comprender por qué insistimos tanto en que penetren en el interior de su dolor cuando ellas sencillamente lo detestan y sólo quieren librarse de él. Su forma de pensar es: «¿Por qué no puedo ignorarlo u olvidarme de él y tengo, en cambio, que aguantarme y dejar que me rechinen los dientes cuando siento dolor?». Una de las razones podría ser que hay veces en que ignorarlo u olvidarnos de él no funciona. En esas ocasiones,

lo útil es guardarnos otros trucos en la manga en vez
de intentar aguantarnos o recurrir a medicamentos para
aliviarlo. Varios estudios realizados con personas que sufren
dolores agudos han demostrado que sintonizar
con las sensaciones es una forma más eficaz de disminuir
el nivel de dolor experimentado, cuando éste es intenso y
duradero, que intentar no pensar en él.

Cuestión de elección 91

Si padecemos un dolor crónico, hemos de ser conscientes de que el dolor no nos libera de padecer cualquier otro tipo de problema o dificultad que tengan los demás. Tendremos que enfrentarnos a los otros problemas que la vida nos depare y trabajar con ellos al igual que lo hacemos con el dolor. Es de suma importancia que recordemos –especialmente si a veces nos sentimos desanimados o deprimidos– que todavía contamos con la capacidad de sentir alegría y placer en nuestra vida. Si nos acordamos de cultivar esta visión más amplia de nosotros mismos, los esfuerzos que realicemos en la meditación encontrarán un terreno mucho más fértil para cosechar resultados positivos. La meditación también puede ayudarnos de muchas e insospechadas maneras que nada tienen que ver con el dolor.

No sirve de ayuda esperar a que desaparezca el dolor, aunque podamos notar que su intensidad cambia y se hace más fuerte o más débil, o que la sensación es distinta, y pasa de ser aguda a ser sorda, o se transforma en un cosquilleo, en un ardor o en punzadas. También puede servir de ayuda tener conciencia de cualquier idea o reacción emocional que se nos pueda ocurrir acerca del dolor, nuestro cuerpo, la cinta, la meditación o cualquier cosa. Sigamos observando y dejando pasar, observando y dejando pasar, respiración tras respiración y momento a momento.

La clave en todas ellas es dirigir la atención suavemente, con delicadeza pero también con firmeza, **al dolor y a su interior**, aunque sea algo que no nos apetezca. Después de todo, se trata de la sensación dominante en ese momento, por lo que nada tiene de raro que tratemos de aceptarla aunque sólo sea un poquito y sólo porque está ahí.

Para curarse
hace falta tiempo

Tampoco debemos entusiasmarnos demasiado por el éxito, ni deprimirnos en exceso por la falta de "avances" en el proceso. De hecho, cada momento es diferente, por lo que no debemos llegar a conclusiones después de una o dos sesiones. El trabajo de medrar y sanar necesita tiempo. Requiere paciencia y constancia en la práctica de la meditación durante semanas, si no meses o años.

Si llevamos años con un dolor, no es demasiado razonable que
esperemos que desaparezca, como por arte de magia,
en cuestión de días sólo porque hemos comenzado a meditar.
Y, además, si ya lo hemos intentado todo y seguimos
con el dolor, ¿qué podemos perder si practicamos la meditación
con regularidad durante ocho semanas o incluso más?

Esta aventura tiene todos los elementos para ser una búsqueda heróica, la búsqueda de uno mismo en el camino de la vida.

Sin confrontación 95

En algunos momentos, cuando penetramos en el dolor y nos enfrentamos abiertamente a él, podemos tener la sensación de estar en un combate frente a frente, o de estar siendo sometidos a tortura. Conviene que recordemos que se trata sólo de pensamientos y que el trabajo de la atención plena **no constituye una batalla** entre nosotros y nuestro dolor, a menos que nosotros mismos lo queramos. Si convertimos este acercamiento al dolor en una lucha, sólo lograremos crear más tensión y, por tanto, más dolor.

Atención plena 96

La atención plena entraña un determinado esfuerzo por observar y aceptar la incomodidad física y la agitación de las emociones en cada momento.

No escapar 97

Recordemos que estamos intentando hacer averiguaciones sobre nuestro dolor para aprender de él y conocerlo mejor, no para detenerlo ni librarnos de él o escaparnos del mismo.

Permanecer con el dolor 98

Si logramos asumir esta actitud y permanecer tranquilos con nuestro dolor, mirándolo de esta manera aunque sólo sea durante el tiempo que dura una o media respiración completa, habremos dado un paso en la dirección correcta. Desde ahí, podemos ir ampliando ese tiempo y permanecer tranquilos y abiertos mientras nos enfrentamos al dolor durante dos o tres respiraciones e incluso más.

El camino del despertar
está siempre presente,
siempre accesible,
en todo momento.

Aguantarlo 99

Desde el momento en que el dolor está presente hacemos lo posible por aceptarlo y mostrarnos receptivos al mismo. Intentamos relacionarnos con él de la manera más neutral que podemos, observándolo sin espíritu de crítica y observando cómo nos sentimos con él. Ello entraña abrirse a las sensaciones que el dolor nos produce, sean cuales sean, como si estuviesen en carne viva. Respiramos con ellas y residimos en ellas en cada momento mientras cabalgamos sobre las olas de la respiración, sobre las oleadas de sensación.

Totalmente presente 100

También nos hacemos la siguiente pregunta: «¿Cuánto me duele ahora, en este preciso momento?». Al hacerlo, incluso cuando nos sentimos fatal, al penetrar en las sensaciones y preguntar: «EN ESTE MOMENTO, ¿es tolerable el dolor que siento? ¿Lo puedo aguantar?», la mayoría de las veces la respuesta es afirmativa. El problema es que llega el momento siguiente, y el siguiente y el siguiente, y sabemos que todos ellos van a estar llenos de más dolor.

¿La solución? Intentar tomar cada momento como nos llega. Intentar estar totalmente presentes en cada momento y hacer lo mismo con el próximo, y así sucesivamente.

Sólo tienes momentos para vivir.

editorial **K** airós

Numancia, 117-121 • 08029 Barcelona • España
tel. 93 4949490 • e-mail: info@editorialkairos.com

Puede recibir información sobre nuestros libros
y colecciones o hacer comentarios acerca
de nuestras temáticas en:

www.editorialkairos.com